Praefatio

Lucia was inspired by a student in my Latin I class who, in the first couple weeks of school, announced (Latine! though with some help) that he had been kicked out of his house…for planting a tree in the toilet.

I'm still not entirely certain how serious he was.

In any case, I got to thinking about a kid who justsort of likes to cause trouble and then one day takes it a step too far. In reality, she's not a bad girl. Her parents tell her she is, and society tells her she is, as we frequently do with girls when they misbehave, or simply when they do something other than what they're told. Lucia is creative, and she certainly causes some need for clean-up (and I can't encourage enacting some of her plans…), but she is not a bad girl. As you read, ask yourself how the title and Lucia's parents' responses to her are in contrast with Lucia herself.

This book is *not* intended to address any particular cultural concern, other than the fact that Lucia's parents like to tell her what is and isn't appropriate.

(Spoiler: playing in the mud is not appropriate for Roman girls!) At the end of the day, children haven't changed that much.

Historical note: this book does *not* address the Forum Cuppedinis, but it quasi-implies it. The Forum Cuppedinis was one of many Fora in ancient Rome. This one specifically sold delicacies - peacock, parrots, dormice, and the like. Dormice were indeed a snack Romans liked to eat. They would have been baked and rolled in honey and sesame seeds. Sextus enjoys these. When Lucia stops to get one, chances are the "taberna" in question is part of the Forum Cuppedinis. Due to the simplicity of the text, I have elected not to go into further detail on that.

The *index verborum* is intended to be comprehensive with the exception of words or phrases glossed within the text. The vocabulary is fairly sheltered, with just 68 unique words (excluding forms of the same word, cognates, and phrases/words glossed in the text). The novella itself is directed at Latin I and II students. The first students to try it were Latin I students in their second month of school - it is usable and readable at that level. It is one of the few with a female protagonist, and one of only two such directed at novice students.

This book would not be complete without the work of the extraordinary Sam Palacios, who brought Lucia and her family to life with his illustrations.

Thank you so much to all my editors, muses, and testdrivers: Lance Piantaggini, Lee "Grumio" Dixon, Rachel Cunning, Justin Slocum Bailey, Jacqui Bloomberg, Ben Powers, Diane Warne Anderson, Robert Hornung, Jackson Bacon, Paul Perrot, and my Latin I and II students, who really wanted the mother's name to be Gerald. Sorry, guys, you lost that argument. This is your consolation prize.

*For Jackson. You were not, and are not, a puer malus.
Don't let anyone tell you otherwise.*

...maybe stop planting trees in toilets, though.

Lucia, Puella Mala

Capitulum Primum: Lucia

Lucia puella est. Lucia puella mala est. Lucia semper mala est. Lucia <u>consilia capit.</u>[1] Multa cōnsilia capit. Multa consilia mala capit.

Māter Luciae dīcit,
"Lucia!
Puella mala es!"

Pater Luciae dīcit,
"Lucia!
Puella mala es!"

Sextus, frater Luciae, dīcit,
"Lucia! Puella mala es!"

Lucia puella mala est, et hoc Luciam dēlectat. Lucia dīcit, "Lucia sum, et puella mala sum!!"

Lucia in vīllā habitat. In villa magna habitat. Māter et in villa magna habitat. Pater et in vīllā magnā habitat. Frater et in vīllā magnā habitat. Lucia, māter, pater et frater in vīllā magnā habitant. Vīlla hortum habet. Hortus magnus et bonus est.

---

[1] *Consilia capit: she hatches plans*

Capitulum Secundum: Puella Mala?

Lucia puella mala est. Cūr Lucia mala est? Lucia puella mala est quod multa mala agit. Multa cōnsilia mala capit. Lucia tria mala ēgit:

1. Māter ōlim cibum optimum habēbat. Lucia cibum mātris cēpit, et māter īrāta est.

2. Lucia ōlim in <u>luto</u>[2] lusit. Lucia dīxit, "Matrem non dēlectat lutum, sed <u>flocci non facio!</u>",[3] et in vīllam

---

[2] *Lutum: mud*

[3] *Flocci non facio: I don't care!*

iit. Lutum _ubique_[4] in vīllā erat. Māter īrāta est quod mātrem nōn dēlectat lutum. Mātrem nōn dēlectat lutum in hortō, et mātrem _nōn_ dēlectat lutum in vīllā.

3. Multae rānae ōlim in hortō erant. Luciam dēlectant rānae, et Lucia rānās spectāre voluit. In hortum iit et rānam cēpit. Lucia sibi dīxit, "Sextum nōn dēlectant rānae!" Lucia cōnsilium malum cēpit...

---

[4] _Ubique: everywhere_

Capitulum Tertium: Cum Lucia Ōlim Cibum

Matris Cepit

Ecce fābulae:

Māter ōlim[5] cibum optimum habēbat. Luciam dēlectat cibus optimus. Luciam dēlectat edere cibum optimum. Lucia cibum optimum habēre voluit. Lucia dīxit, "Licetne mihi edere cibum optimum, Māter?" Māter dīxit nōn licēre. Sed Lucia cibum optimum voluit. Lucia cōnsilium cēpit.

Lucia dīxit, "Māter! Sextus nūdus in hortō est!" Māter, "Vah! Nūdus?! Sextus nūdus est?!" clāmāvit.

Lucia, "Est! Nūdus est! Sextus nūdus in hortō est!" clāmāvit.

---

[5] *Olim: once upon a time, at one point*

Māter
clāmāvit, "Sextus
nūdus in hortō est!
Sextus puer malus
est! <u>Non decet</u>[6] in
hortō esse
nūdum!" et māter
ad hortum iit.

    Sextus nūdus in hortō nōn erat...sed māter in hortō erat. Māter in hortō Luciam nōn vīdit. Cūr māter Luciam nōn vīdit? Māter in hortō erat, et Lucia in vīllā. Ubi cibus erat? In vīllā.

    Lucia cibum optimum voluit, et Lucia cibum optimum cēpit. Lucia cibum optimum edit. Cibus optimus Luciam dēlectāvit.

    Māter in vīllam revēnit. Māter cibum nōn vīdit. Māter dīxit, "Sextus in hortō nūdus nōn erat, Lucia. Ubi est cibus optimus, Lucia?" Cibus optimus in stomacho Luciae erat. Lucia matrem spectavit. "Cibum," Lucia dixit, "non habeo."

---

[6] *Non decet: it's not appropriate*

"Estne cibus," māter dīxit, "in stomachō tuō,
Lucia?" Lucia nōn respondit. Lucia cibum habuit. Lucia
cibum in stomachō habuit. Lucia cibum optimum in
stomachō habuit. "

"Vah! Lucia!" māter clāmāvit. "Cūr ēdistī cibum
meum? Nōn decet edere cibum meum! Puella mala es! Ī
ad cubiculum!" Lucia ad cubiculum suum iit.

Capitulum Quartum: Cum Lucia Ōlim In Luto Lusit

Luciam dēlectat lutum. Lucia ōlim in hortō iit et lūsit. Lucia in lutō lūsit. Lucia in vīllam iit...sed lutum ubīque est. Mātrem nōn dēlectat lutum, sed lutum in Luciā est, lutum in vīllā est, lutum in <u>faciē</u>[7] est.

"Vah! Lucia!" māter clāmāvit. "Lutum ubīque est! Lutum in vīllā est, lutum in faciē est! Quid agis?! Cūr lutum <u>ubique</u>[8] est?"

---

[7] *Facies: face*

[8] *Ubique: everywhere*

Lucia <u>rīsit</u>:[9]
"Hahahahae! Floccī nōn
faciō! In lutō lūdere mē
dēlectat!"

Quid agēbat Lucia? Cūr
lutum ubīque erat? Lucia
gaudēbat, et Lucia in lutō
lūsit! Māter nōn gaudēbat,
quod lutum ubīque erat.

Māter, "Lucia," dīxit,
"lutum ubīque est. Nōn decet puellam Rōmānam
lūdere in lutō. Ī ad cubiculum." Lucia ad cubiculum
suum iit…et lutum ad cubiculum iit.

"LUCIA!" māter clāmāvit. "Puella mala es!"

---

[9] *Risit: she laughed*

Capitulum Quintum: Cum Lucia Olim Ranam – Et Consilium - Cepit

Sextum rānae[10] nōn dēlectant. Sextus rānās timet.
Rānae Luciam dēlectant. Lucia rānās nōn timet. Lucia
īnsecta nōn timet, et animālia nōn timet. Sed Sextus
rānās timet. Sextus īnsecta timet et animālia timet et
rānās timet. Rānae minimae et rānae maximae Luciam
dēlectant. Sextus rānās minimās et rānās maximās
timet.

In hortō ōlim multae rānae erant. Lucia cōnsilium
cēpit. Lucia rānam maximam cēpit.

Rana, "Bracacacaxcoaxcoax,"[11] inquit.

Luciam dēlectāvit rāna.

---

[10] *Ranae: frogs*

[11] *Bracacacaxcoaxcoax: this is what frogs say*

Lucia, "Bracacaxcoaxcoax!" inquit. Lucia cōnsilium cēpit.

Lucia rānam cēpit et in vīllam iit. Lucia rānam in saccō Sextī posuit.

In scholā, Sextus saccum cēpit. Sextus in saccō spectāvit. In saccō, rāna erat! Sextus rānam timuit et clāmāvit, "AAAAHHHHH! LUCIA!"

Lucia rīsit, "Hahahahahae!"

Scholis finitis,[12] in vīllā, Sextus clāmāvit, "MĀTER! LUCIA RĀNAM IN SACCŌ MEŌ POSUIT!" Māter rānās nōn timuit.

Māter rīsit, "Hahahahahae! Āh...vah! Lucia, puella mala es. Cūr rānam in saccō Sextī posuistī? Nōn decet puellam Rōmānam capere rānās, et nōn decet puellam Rōmānam pōnere rānās in saccō Sextī! Ī ad cubiculum!"

Lucia, īrāta, ad cubiculum suum iit.

---

[12] *Scholis finitis: when classes were finished*

Sextus, "Hahahahahahae! Lucia in cubiculō est!" dīxit. Māter dīxit, "Sexte, ī ad cubiculum." Sextus, īrātus, ad cubiculum suum iit.

Capitulum Sextum: Lucia Iterum Consilium Malum Capit

Hodiē, Lucia cōnsilium capit. Cōnsilium nōn est malum.

…cōnsilium nōn est horribile.

Hodiē, Lucia lūdere vult. Lucia in hortō lūdere vult. Luciam dēlectat lūdere in hortō.

Sextum nōn dēlectat in hortō lūdere. Frātrem dēlectat cibum edere. Frātrem dēlectat glīrēs[13] edere. Luciam NŌN dēlectat glīrēs edere. Sed Luciam dēlectat in hortō lūdere, et vult in hortō lūdere. Lucia cōnsilium capit.

Lucia ad patrem it.

Pater in hortō est. Lucia ad hortum it.

"Pater," Lucia inquit. "In hortō es. In hortō lūdere volō. Licetne mihi in hortō lūdere?"

Pater cōgitat, "Luciam dēlectat hortus, et mē dēlectat hortus…sed mātrem nōn dēlectat lutum."

---

[13] *Glires: dormice, usually rolled in honey and sesame seeds. A Roman treat. They look kind of like guinea pigs (before you cook them).*

Pater, "Nōn licet lūdere in hortō, Luciā," inquit. "Mātrem nōn dēlectat lutum."

Pater nōn dīcit nōn decēre, sed pater dīcit nōn licēre. Nōn licet Luciae in lutō lūdere...sed Lucia lūdere vult. Lucia ad mātrem it.

Hodie, māter in vīllā est. Lucia, "Māter," inquit, "licetne mihi in hortō lūdere?"

Māter respondet, "In hortō est lutum! Nōn licet lūdere in hortō, Luciā! Nōn licet lūdere in lutō! Multum lutum in hortō est! Nōn decet in lutō lūdere."

Lucia intellegit. Lucia intellegit lutum esse in hortō.

Lucia lutum in hortō habere vult.

Cūr nōn licet in lutō lūdere? Quod mātrem nōn dēlectat lutum ubīque.

Decetne in lutō lūdere?

Lucia dīcit decēre, sed māter, "Nōn decet!" inquit.

Māter, "Nōn licet, Lucia!" inquit, sed Lucia in hortō
lūdere vult.

Capitulum Septimum: Sextus Irascitur, Et Multa Audit

Sextus audit mātrem et Luciam. Lucia Sextum nōn dēlectat, et Lucia vult in hortō lūdere. Sextus nōn vult Luciam in hortō lūdere. Sextus nōn vult Luciam in hortō lūdere, quod Luciam dēlectat in hortō lūdere. Lucia Sextum nōn dēlectat.

Sextus audit mātrem dīcentem, "In hortō est lutum!
Nōn licet lūdere in hortō, Luciā! Nōn licet lūdere in lutō! Multum lutum in hortō est! Nōn decet in lutō lūdere."

Hoc Sextum dēlectat! Sextus rīdet, "Hahahahahae! Lucia in hortō lūdere vult, sed nōn licet! Lucia puella mala est! Puer bonus sum, sed Luciā puella mala est! Hahahahahae! Nōn licet Luciae lūdere in lutō!"

Māter, "Sexte!" inquit. "Noli Luciam rīdēre.[14] I[15] ad cubiculum." Sextus irascitur et ad cubiculum suum it.

---

[14] *Noli…ridere: don't laugh at Lucia*

[15] This is "i" not "L." It means "go," and it is the command that comes from "ire."

Frāter, Sextus, puer bonus *nōn* est. Sextus, īrātus, malus est.

Māter, "Nōn decet in hortō lūdere, et nōn licet in hortō lūdere," dīcit, sed Lucia in hortō lūdere vult. Pater nōn dīcit nōn decēre, sed pater dīcit nōn licēre. Sed Lucia in hortō lūdere vult. Lucia cōgitat et cōgitat et cōgitat...et cōnsilium capit.

Lucia exspectat. Lucia exspectat et exspectat et exspectat. Māter ad <u>tabernam</u>[16] it. Pater ad tabernam it.

---

[16] *Taberna: a shop*

Capitulum Octavum: Lucia Consilium Capit

Lucia gaudet! Lucia in hortō lūdere vult, et pater nōn est in vīllā! Māter nōn est in vīllā! Cūr māter et pater in vīllā nōn sunt? Māter et pater in tabernā sunt! Lucia consilium cāpit. Lucia ad hortum it. In hortō multum lutum est!

Lucia in hortō lūdit et lūdit et lūdit. Lutum in faciē Luciae est, et lutum ubīque est. Lucia, "Mē dēlectat," inquit, "in hortō lūdere! Mē dēlectat in lutō lūdere!" Lucia gaudet.

Luciam nōn decet in hortō lūdere, quod lutum est in hortō, sed Lucia in hortō lūdit.

Sextus, in cubiculō īrātus, Luciam in hortō spectat. Sextus īrātus cōgitat, et Sextus cōnsilium capit.

Capitulum Nonum: Māter et Pater Reveniunt

Māter et pater ad vīllam revēniunt. Māter in vīllam it. Pater in vīllam it. Sextus in vīllā est. Lucia in vīllā est...sed Lucia multum lutum habet.

Pater, "Salvē," inquit, "Sextē! Salvē, Lucia! Quōmodo te habes,[17] Sexte? Quōmodo te habes, Lucia?"

Lucia gaudet. Luciam dēlectat in lutō lūdere. Lutum ubīque est. Luciam dēlectat lutum ubīque.

Lucia, "Gaudeō, pater!" inquit.

Pater intellegit cūr Lucia gaudeat. Lutum ubīque est in hortō, et lutum Luciam dēlectat.

Frāter gaudet, quod Luciā puella mala est. Frāter, "Lucia lūsit in lutō!" inquit. "Nōn licet Luciae lūdere in lutō! Lucia puella mala est! Mē nōn dēlectat in lutō lūdere."

---

[17] *Quomodo te habes?: how are you?*

Māter, "Vah! Lucia! Nōn licet tibi," inquit, "in lutō lūdere! Puella mala es!"

Māter dīcit Luciam puellam malam esse. Lucia non gaudet.

Lucia frātrī īrāscitur. Lucia frātrī īrāscitur quod frāter dīxit, "Lucia lūsit in lutō!" Lucia mātrī īrāscitur. Lucia mātrī īrāscitur quod māter dīxit, "Lucia, puella mala es! Ī ad cubiculum!" Lucia lacrimat et ad cubiculum it.

Lucia nōn vult puella mala esse...sed Lucia īrāscitur. Lucia mātrī et frātrī īrāscitur.

Capitulum Decimum: Lucia Mala Agit

Mediā nocte, Luciā ad hortum it. In hortō, multum lutum est.

Mātrem nōn dēlectat lutum.

Frātrem nōn dēlectat lutum. Frāter nōn timet lutum, sed frātrem nōn dēlectat lutum.

Sed Luciam...ō, Luciam lutum dēlectat, et Luciam nōn dēlectat frāter.

Frāter dīxit, "Lucia mala est," et māter dīxit, "Lucia mala est." In hortō, Lucia lutum spectat. Lucia lutum capit.

Luciam nōn dēlectat frāter. Frātrem nōn dēlectat lutum. Mātrem nōn dēlectat lutum. Lucia multum lutum capit.

Lucia lutum in vīllam fert. Lucia lutum ad cubiculum mātris fert.

In cubiculō mātris, Luciā ad <u>lectum</u>[18] mātris ambulat. Māter in lectō est. Māter dormit.

Lucia, "Māter?" inquit.

Māter dormit. Lucia gaudet quod māter dormit. Lucia lutum in lectō mātris pōnit! Māter dormit. Māter lutum nōn videt, quod māter dormit.

Lucia ad cubiculum frātris it. Frāter in lectō est. Frāter dormit.
"Sextē?" Lucia dīcit.

Sextus dormit. Lucia gaudet quod Sextus dormit. Lucia lutum in lectō frātris pōnit. Sextus dormit. Sextus lutum nōn videt quod dormit.

Lucia dīcit, "Hahahahae. Lutum in lectō frātris est. Lutum in faciē Sextī est. Lutum ubīque est. Frātrem nōn dēlectat lutum, et mē nōn dēlectat frāter! Hahahahae!"

---

[18] *Lectus: bed*

Lucia ad cubiculum suum it. Lucia in lectō suō
dormit. Lutum in mātris lectō est, et lutum in Sextī lectō
est. Lutum in lectō Luciae nōn est. Lucia bene dormit.

Capitulum Undecimum: Lutum in Lecto

Māne, Luciae māter clāmat, "AAAAAHHHHH!! QUID EST IN LECTŌ MEŌ?"

Lucia in cubiculō suō est. Lucia, "Hahahahae," rīdet. "Māter clāmat! Māter clāmat quod lutum est in lectō! Lutum mātrem nōn dēlectat. Hahahahae!"

Frāter clāmat, "MAAAAATER! LUTUM EST IN LECTŌ MEŌ!!!!! QUID EST HOC???"

Māter ad cubiculum frātris it. "Sextē! Lutumne in lectō tuō est?!"

Sextus respondet, "Multum lutum in lectō meō est, et lutum in faciē est et lutum ubīque est! LUCIA LUTUM IN LECTŌ MEŌ POSUIT!"

Capitulum Duodecimum: Lucia Exit

Māter ad cubiculum Luciae it. Māter in cubiculum Luciae it.

"Lucia," inquit māter, "posuistīne lutum in lectō meō et in lectō Sextī?"

Lucia gaudet. Lutum ubīque est.

"Lutum posuī in lectō tuō et in lectō Sextī!" Lucia respondet. "Gaudeō! Mē dēlectat lutum!"

"Vah! Lucia!" māter clāmat. "Nōn decet pōnere lutum in lectō meō et in lectō frātris! Puellae malae lutum in lectō mātris et in lectō frātris pōnunt. Tū lutum in lectīs posuistī! Puella mala es!"

Māter valdē[19] irascitur. Māter valdē clāmat. Luciane mātrem nōn dēlectat? Māternē Luciam nōn amat?

---

[19] *Valde: very, intensely*

Lucia lacrimat. Lucia lacrimat et lacrimat et lacrimat. Lucia ē cubiculō it. Lucia ex vīllā it. Lucia, puella mala, ad vīllam nōn revēnit.

Capitulum Tertium-Decimum: Ubi Lucia Est?

"Lucia ē vīllā iit!" frāter clāmat. "Hahahahae! Lucia in vīllā nōn est! Lucia in vīllā nōn habitat! In vīllā habitō, et māter in vīllā habitat, et pater in vīllā habitat, sed Lucia lacrimāvit et lacrimāvit et ē vīllā iit! Lucia in vīllā nōn habitat! Hahahahae!"

Māter Sextō īrāscitur. "Sextē! Puer malus es! Lucia in vīllā habitat."

Pater clāmat, "Ubī est Lucia?! Lucia lacrimāns ē vīllā iit! Lucia nōn revēnit! Ubi est Lucia?"

Pater cōgitat et nescit.

Māter cōgitat et nescit.

Frāter nescit, sed nōn cōgitat. Et floccī nōn facit.

Māter lacrimat.

Pater lacrimat.

Frāter nōn lacrimat. Frāter gaudet.

"Mē nōn dēlectat lutum," frāter dīcit. "Mē dēlectat glīrēs edere, sed mē *nōn* dēlectat lutum, et mē nōn dēlectant rānae, et mē *nōn* dēlectat Lucia!"

"Sextē!" pater clāmat. "Ī[20] ad cubiculum tuum!" Sextus, nōn gaudēns, ad cubiculum suum iit.

---

[20] This is "i," not "L." It is a command and means "go!"

Capitulum Quartum-Decimum: Lucia in Via

Lucia in viā ambulat. Lucia in viā ambulat et ambulat et ambulat, et cōgitat, et lacrimat. Lacrimat quod māter dīxit, "Puella mala es!" et frāter dīxit, "Puella mala es!" Lucia lacrimat quod māter īrāscitur, et frāter īrāscitur, et Lucia īrāscitur. Lucia lacrimat quod Lucia in vīllā nōn habitat.

Lucia audit, "Luuuuciiiiaaaaa!"

Quid est hoc? Quis "Lucia" clāmat? "LUUUUUUCIIIIIAAAAAA!"

"Luciā sum!" Lucia dīcit. "Quis es?"
Lucia audit, "UBI ES, LUCIA?"

"LUCIA SUM!" clāmat Lucia. "Quis es?!"
Lucia mātrem in viā videt.

"Māter?!" Lucia dīcit.

"Lucia!" māter dīcit. "Tē amō! Revēnī ad vīllam."

"Ad vīllam non reveniam[21]" Lucia respondet. "Nōn revēniam ad vīllam, quod lutum in lectō tuō et in lectō Sextī posuī. Frāter īrāscitur. Tū, īrāta, dīcis mē puellam malam. In vīllā nōn habitō, et Sextus gaudet."

"Sextus nōn gaudet," māter inquit. "Ego nōn gaudeō. Pater nōn gaudet. Pater lacrimat. In vīllā habitās. Revēnī ad vīllam."

Lucia mātrem spectat.

"Ad vīllam," Lucia inquit, "revēniam."

Māter et Lucia in viā ad vīllam ambulant.

In viā, Luciā tabernam videt. Lucia cōgitat, Puella mala sum. Sextus īrāscitur, sed nōn est puer malus. Sextus nōn est frāter malus. Rānam in saccō Sextī posuī. Lutum in lectō Sextī posuī. Sextum dēlectat edere glīrēs. In tabernā, glīrēs sunt. Glīrēs volō.

---

[21] *Non reveniam: I will come back*

Lucia, "Māter, licetne mihi īre ad tabernam?" inquit.

Māter respondet, "Licet."

Lucia ad tabernam it. Māter exspectat.

Lucia ad mātrem revēnit. Lucia dīcit, "Ad vīllam revēniam." Lucia et māter ad vīllam revēniunt.

Capitulum Quintum-Decimum: Lucia Revenit

In vīllā, frāter et pater exspectant. Māter in vīllam it et dīcit, "Lucia revēnit!" Lucia in vīllam it. Pater gaudēns, "Lucia! Revēnistī! Tē amō!" dīcit.

Frāter dīcit, "Vah. Lucia revēnit."

Pater dīcit, "Lucia, cūr ē vīllā iistī?"

Lucia respondet, "Frāter īrāscitur. Frāter mē nōn amat. Māter īrāscitur. Māter mē nōn amat. Māter dīcit, 'Lucia, puella mala es!' Lutum in lectīs posuī. Rānam in saccō posuī. Puella mala sum. Trīstis sum."

Pater mātrem spectat. Māter lacrimat.

Māter, "Luciā, tē amō," inquit. "Frāter tē amat. Puella mala nōn es. Puella bona es. Sed lutum in lectō mē nōn dēlectat!"

Lucia, "Bene intellegō," inquit, "nōn decēre lutum in lectō pōnere. Pōnere lutum in lectō malum est. Volō puella bona esse. Volō mātrem et patrem et frātrem mē amāre."

Lucia dīcit, "Frāter, tē amō. Ecce!" Lucia glīrēs habet. Frātrem dēlectat glīrēs edere! Lucia glīrēs frātrī offert.

Frāter, "Lucia! Glīrēs," inquit, "mē dēlectat edere! Tē amō! Lucia, puella mala es, sed nōn horribilis."

Mala, sed nōn horribilis?! Lucia īrāscitur. Lucia glīrēs offert! Lucia bona est! Cūr Lucia mala sed nōn horribilis est?

Lucia frātrem amat...et Lucia vult puella bona esse...sed Lucia hortum spectat, et cōnsilium capit...

Index Verborum

Ad - to

Agebat - s/he was doing

Agit - s/he does

Amat - s/he loves

Amo - I love

Ambulat – s/he walks

Audit – s/he hears

Bene - well

Bonus - good

Bracacacaxcoaxcoax - this
is the noise of a frog

Capitulum - chapter

Cibus - food

Clamat – s/he yells

Cogitat - s/he thinks

Consilium capit - s/he
hatches a plan

Cepit - s/he took

Cubiculum - bedroom

Cur - why

Decere - that it is
appropriate

Decet - it is appropriate

Decetne - is it
appropriate?

Dēlectat – it pleases

Delectavit: it pleased

Dīcit – s/he says

Dixit: s/he said

Dormit – s/he sleeps

E - out of

Es - you are

Est - s/he/it is

Edere – to eat

Edisti - you ate

Edit - s/he ate

Egit - s/he did

Exspectat – s/he waits

Est – s/he/it is

Esse - to be

Et - and

Facies - face

Fert – s/he brings

Flocci non facio - I don't care

Frater – brother

Fratris - brother's

Gaudeo - I'm happy

Gaudebat - s/he was happy

Gaudet – s/he is happy

Glires - dormice

Habito - I live

Habitas - you live

Habitat – s/he lives

Habitant: they live

Hahahae - laughter in Latin

Hoc - this

Hodie - today

Horribile - horrible

Hortus - garden

In - in, into

Irascitur – s/he is mad

It – s/he goes

Iit - s/he went

Iisti - you went

Inquit - s/he says

Intellegit - s/he understands

Intellego - I understand

Iratus - angry

Lacrimans - crying

Lacrimat – s/he cries

Lacrimavit - s/he cried

Licere - that it is allowed

Licet - it is allowed

Licetne mihi – am I allowed?

Ludere – to play

Ludit - s/he plays

Lusit - s/he played

Lutum - mud

Magna - big

Mala - bad

Male - badly

Mane – in the morning

Māter - mother

Matris - mother's

Maxima - really big

Me - me

Me dēlectat - it pleases me, I like

Me delectant - they please me, I like

Media nocte – in the middle of the night

Meus - my

Multum – a lot

Nescit – s/he doesn't know

Non - not

Nudus - naked

Ōlim - once upon a time

Offert - s/he offers

Optimus - really excellent

Pater - father

Patris - father's

Puella - girl

Ponere - to put

Ponit – s/he puts

Ponunt - they put

Posui - I put

Posuisti - you put

Posuistine - did you put?

Posuit - s/he put

Puella - girl

Puer - boy

Quid - what

Quis - who

Quod - because

Quomodo te habes – how are you?

Rana - a frog

Reveni - come back!

Reveniam – I will come back

Revenit - s/he comes back

Reveniunt – they come back

Risit - s/he laughed

Saccus - bag

Salve – hi

Sed - but

Semper - always

Spectat – s/he watches

Spectare - to watch

Spectavit - s/he watched

Sum – I am

Suum – his/her own

Stomachus - stomach

Taberna – a store

Te - you

Te amo – I love you

Timet - s/he is afraid

Tria - three

Tristis - sad

Ubi - where

Ubique - everywhere

Vah! - an exclamation of anger, pain, dismay

Via – road

Videt – s/he sees

Vidit - s/he saw

Villa - house

Volo - I want

Voluit - s/he wanted

Vult – s/he wants